BIBLIOTECA DE LA IMAGINACIÓN

ARAÑAS peligrosas

Tarántulas

Eric Ethan

Please visit our web site at: www.garethstevens.com
For a free color catalog describing Gareth Stevens Publishing's
list of high-quality books and multimedia programs,
call 1-800-542-2595 (USA) or 1-800-387-3178 (Canada).
Gareth Stevens Publishing's fax: (414) 332-3567.

Library of Congress Cataloging-in-Publication Data available upon request from publisher.
Fax (414) 336-0157 for the attention of the Publishing Records Department.

ISBN 0-8368-3777-0

First published in 2004 by
Gareth Stevens Publishing
A World Almanac Education Group Company
330 West Olive Street, Suite 100
Milwaukee, WI 53212 USA

Text: Eric Ethan
Cover design and page layout: Scott M. Krall
Text editor: Susan Ashley
Series editor: Dorothy L. Gibbs
Picture researcher: Todtri Book Publishers
Translation: Tatiana Acosta and Guillermo Gutiérrez

Photo credits: Cover © James P. Rowan; pp. 5, 13, 17, 21 © James E. Gerholdt,
p. 7 © A. B. Sheldon; p. 9 © © P. Goetgheluck-Pho.n.e/AUSCAPE;
pp. 11, 15 © E. S. Ross; p. 19 © James H. Robinson

Printed in the United States of America

1 2 3 4 5 6 7 8 9 07 06 05 04 03

Portada: Las tranquilas y pequeñas tarántulas mexicanas de patas rojas son unas mascotas excelentes, pero estas raras arañas son muy caras.

CONTENIDO

Las palabras del glosario van en **negrita** la primera vez que aparecen en el texto.

LAS TARÁNTULAS

Ver, o incluso imaginarse, una tarántula es suficiente para atemorizar a muchas personas. La tarántula, con su cuerpo grande y sus gruesas y peludas patas, parece una araña muy peligrosa. Las películas de ciencia ficción, con sus tarántulas gigantes que atacaban ciudades enteras, han contribuido a que la gente las tema aún más.

En realidad, las tarántulas son muy tímidas. Su picadura es venenosa, pero lo más probable es que sólo piquen a pequeños insectos. Las tarántulas, por lo general, sólo pican a las personas si se sienten amenazadas. Pero su inquietante aspecto hace que les tengamos miedo.

La tarántula mexicana de rodillas rojas, normalmente tranquila, tiene un aspecto tan temible que ha aparecido en *Los buscadores del arca perdida* y en muchas otras películas.

4

SU ASPECTO

Las tarántulas son peludas y enormes. Algunas son mayores que tu mano. Las tarántulas goliat son las más grandes. Llegan a alcanzar hasta 10 pulgadas (25 centímetros) de ancho, incluyendo las patas.

Aunque tienen ocho ojos, como la mayoría de las arañas, su vista no es buena. Por suerte, los pelos que las recubren las ayudan a "ver". Estos pelos son tan sensibles que pueden notar las más ligeras vibraciones, en el suelo o en el aire. Esas vibraciones le indican a la tarántula que hay algo cerca.

A diferencia de las otras arañas, que también tienen ocho patas, si una tarántula pierde una pata, ¡le vuelve a crecer! Las tarántulas trepan muy bien, gracias a las dos garras y a la almohadilla de pelos pegajosos que tienen en la punta de cada pata.

Los ocho ojos de esta tarántula de pelo rosa están agrupados en la parte delantera de su cuerpo, pero sus múltiples pelos la ayudan a "ver" mejor.

SU DESARROLLO

Las tarántulas son arañas muy grandes, y sus huevos también lo son. El huevo de una tarántula es más grande que una araña adulta de casi cualquier otra **especie**.

Cuando una tarántula hembra está lista para depositar sus huevos, prepara una pequeña almohadilla de seda. Primero pone sus huevos, cientos de ellos, en esta almohadilla, y luego los envuelve en más seda, hasta formar un saco. La hembra protege el saco hasta que los huevos están a punto de abrirse.

Los huevos de tarántula se abren a las seis o siete semanas. Las crías abandonarán a su madre unas pocas semanas después y empezarán a vivir por su cuenta.

Al nacer, las crías de tarántula son blancas y muy pequeñas. A medida que van creciendo se hacen más oscuras.

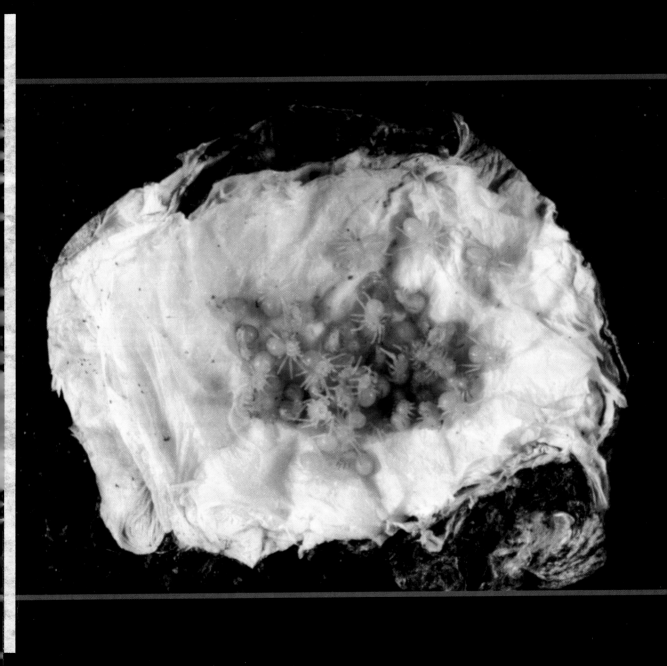

El cuerpo de una tarántula, como el de todas las arañas, está protegido por un recubrimiento duro llamado **caparazón**. Al crecer, el cuerpo de la cría lo rompe. De él sale la araña, y un nuevo recubrimiento, más grande, se empieza a formar. Este proceso se llama **muda**. Las tarántulas mudan muchas veces antes de hacerse adultas, y pueden necesitar diez años para alcanzar su máximo tamaño.

El macho empieza a buscar **pareja** en cuanto se hace adulto. Sin embargo, el **apareamiento** puede ser peligroso, debido a la mala visión. ¡La hembra puede confundir a un macho con algo comestible!

Los machos y las hembras de tarántula viven mucho más que otros tipos de arañas. Se conocen casos de hembras que han vivido veinticinco años.

Este ser monstruoso y con muchas patas no es más que una tarántula mexicana de rodillas rojas que se deshace de su antiguo caparazón.

DÓNDE VIVEN

Las tarántulas viven en muchas zonas, y en todos los continentes excepto la **Antártida**. La mayoría, sin embargo, se encuentra en áreas de clima cálido. Algunas viven en desiertos secos, y otras en selvas húmedas. La tarántula goliat vive en los bosques lluviosos de América del Sur. En América del Norte, las tarántulas viven, sobre todo, en el Sudoeste de Estados Unidos y en México.

El nombre "tarántula" procede de la ciudad italiana de Tarento, cuyos habitantes sufrieron, hace cientos de años, picaduras de una araña peluda de gran tamaño. Los científicos creen que se trataba de una araña lobo, pero el nombre "tarántula" permaneció. Ahora se refiere a una familia de grandes arañas que no están relacionadas con la araña lobo.

Las tarántulas cebra son muy comunes en los bosques lluviosos de Costa Rica, pero también viven en el sur de Estados Unidos.

SUS MADRIGUERAS

Todas las arañas producen seda, pero no todas hacen telarañas. Las tarántulas viven en madrigueras subterráneas. Para excavarlas usan sus fuertes patas y **colmillos**. Luego, las recubren con seda.

Aunque prefieren los climas cálidos, a las tarántulas no les gustan ni el calor ni el frío excesivos. En el verano, la madriguera es un lugar fresco donde descansar. En invierno, algunas tarántulas construyen una "tapa" de seda para cubrir la entrada de su madriguera y guardar el calor.

Una tarántula pasa la mayor parte del tiempo en su madriguera. Es raro que salga durante el día, pero suele abandonar la madriguera para cazar por la noche.

Una tarántula no vive en una telaraña, sino en un agujero recubierto de seda. Esta madriguera estaba en el norte de California.

EN BUSCA DE COMIDA

Para conseguir alimento, una tarántula usa sus sentidos y su rapidez, en vez de una telaraña. Cuando gracias a sus pelillos sensibles siente que se acerca una **presa**, la araña sale de su madriguera, agarra a la presa con las patas y la muerde con sus poderosos colmillos. Los colmillos **inyectan** un **veneno** mortal en el cuerpo de la víctima.

Las tarántulas comen insectos, igual que la mayoría de las arañas, pero también presas más grandes, como ratones y lagartijas. Antes de comerse a su presa, sin embargo, una tarántula tiene que convertirla en una blanda papilla. Su veneno contiene unos jugos que **licúan** las entrañas de su víctima, pero la tarántula usa además sus poderosas mandíbulas para aplastar el cuerpo de su presa, otra manera de ablandarla.

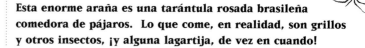

Esta enorme araña es una tarántula rosada brasileña comedora de pájaros. Lo que come, en realidad, son grillos y otros insectos, ¡y alguna lagartija, de vez en cuando!

SU PICADURA

Las tarántulas pican con sus colmillos, pero éstos son diferentes de los de otras arañas. Los colmillos de la mayoría de las arañas están uno frente al otro, y agarran como unas pinzas. Los de una tarántula son más parecidos a los de una serpiente, que están dirigidos hacia abajo y se clavan en la presa.

La picadura de una tarántula es lo bastante venenosa para matar a un insecto, pero no es tan peligrosa para las personas. La picadura de una tarántula de América del Norte se suele comparar a la de una abeja. Puede doler e hincharse un poco, pero nunca ha matado a nadie. Además, las tarántulas son animales tímidos. Prefieren la soledad, así que es raro que una persona llegue a entrar en contacto con ellas.

Aunque las tarántulas son muy tranquilas, no hay que olvidar que son venenosas. Para las personas sensibles a su veneno, tocar una tarántula puede ser peligroso.

SUS ENEMIGOS

Las arañas grandes, como las tarántulas, son una buena comida para los pájaros y las serpientes. Estos animales son capaces de matar a una tarántula antes de que ésta pueda defenderse.

Cuando una tarántula se siente amenazada, trata de asustar a su enemigo alzándose sobre sus patas traseras y mostrando los colmillos. Una tarántula tiene, además, en el **abdomen**, unos pelos con **púas** que pueden ser usados como arma. Cuando la araña se siente en peligro, usa las patas traseras para arrojar estos pelos, que vuelan por el aire como pequeños dardos y producen dolor cuando se clavan.

Los seres humanos son otra clase de enemigo para las tarántulas. La gente no las caza para comérselas, pero destruye los **hábitats** donde viven.

Cuando una tarántula se siente amenazada, puede levantar las patas delanteras y mostrar los colmillos para parecer más grande y temible.

AMPLÍA TUS CONOCIMIENTOS

Libros   *Asombrosas arañas.* Alexandra Parsons (Editorial Bruño)

El fascinante mundo de las arañas. Maria Àngels Julivert (Parramón Editores)

Las arañas. Robert Raven (Editorial Könemann)

Las arañas. Serie Investigate (Random House Australia)

Guía de Naturaleza: Insectos y arácnidos. (Editorial Blume)

Bichos, arañas y serpientes. Ken Preston-Mafham, Nigel Marven y Rob Harvey (LIBSA)

Tarántulas y escorpiones. W. Rankin, J. G. Walls (Editorial Hispano Europea)

PÁGINAS WEB

Las páginas web cambian con frecuencia, y es posible que alguna de las que te recomendamos aquí ya no esté disponible. Para conseguir más información sobre las tarántulas, puedes usar un buen buscador como **Yahooligans!** [www.yahooligans.com] o Google [www.google.com]. Aquí tienes algunas palabras clave que te pueden ayudar en la búsqueda: arañas del desierto, arañas venenosas, picaduras de araña, arañas, tarántulas.

http://iibce.edu.uy/difusion/
Además de información sobre distintos tipos de arañas, esta página incluye fotografías y consejos para recolectar y criar estos animales. Está bien organizada y te resultará muy divertida.

http://www.geocities.com/SoHo/1700/spider.html
Esta página usa un lenguaje un poco más técnico que otras, pero la información está bien organizada y contiene una sección sobre las tarántulas. Algunos de los temas que incluye son: estructura, seda, veneno y reproducción de las arañas.

http://redescolar.ilce.edu.mx/redescolar/publicaciones/publi_biosfera/fauna/tarantula/tarantula.htm
Página preparada por estudiantes mexicanos que ofrece muchos datos sobre las tarántulas. Puedes acceder a tres secciones: Galería, Info y Leyendas. En esta sección se presentan falsas creencias que la gente tiene sobre las tarántulas.

http://www.tumascota.com/otros/tarantulas/mundo_de.shtml
Aunque no lo creas, ¡hay quien tiene una tarántula como mascota! En esta página te explican por qué las tarántulas pueden ser la mascota ideal, y te ofrecen información sobre ellas.

GLOSARIO

Puedes encontrar estos términos en las páginas que aparecen tras cada definición. Leer la palabra dentro de una oración te ayudará a entenderla mejor.

abdomen — parte trasera del cuerpo de una araña, en la que se encuentran las hileras, los huevos, el corazón, los pulmones y otros órganos 20

Antártida — continente cubierto de hielo que rodea el Polo Sur 12

aparearse — unirse un macho y una hembra de la misma especie para tener crías 10

caparazón — recubrimiento duro que protege el cuerpo de un animal y sus órganos 10

colmillos — dientes largos y puntiagudos 14, 16, 18, 20

especie — grupo animal cuyos miembros tienen características comunes y la capacidad de reproducirse 8

inyectar — meter a presión un líquido en los tejidos corporales usando un objeto puntiagudo como una aguja 16

hábitats — medios naturales 20

licuar — convertir un sólido en líquido 16

muda — eliminación de una capa externa del cuerpo, como la piel, para que aparezca una nueva 10

pareja — compañero con fines de reproducción en una especie animal 10

presa — animal que sirve de alimento a otro animal 16, 18

púa — pincho con punta afilada, como una flecha 20

veneno — sustancia tóxica que un animal produce en su cuerpo y que transmite a su víctima por medio de una picadura o mordedura 16, 18

ÍNDICE